DANTE

L'ENFER

CHANT I

HACHETTE ET Cie

L'ENFER

CHANT I

A LA MÊME LIBRAIRIE

Dante : *L'Enfer, chant premier*, expliqué d'après une méthode nouvelle par deux traductions françaises, l'une littérale et *juxtalinéaire*, présentant le mot à mot français en regard des mots italiens correspondants, l'autre correcte et précédée du texte italien, par M. Melzi. 1 vol. in-12.

Typographie Lahure, rue de Fleurus, 9, à Paris.

DANTE

L'ENFER

CHANT I

NOUVELLE ÉDITION

PUBLIÉE AVEC UNE NOTICE, UN ARGUMENT DE TOUT LE POËME
ET DES NOTES EN FRANÇAIS

PAR B. MELZI

PARIS
LIBRAIRIE HACHETTE ET Cie
79, BOULEVARD SAINT-GERMAIN, 79

1875

A

M. MAURICE BIXIO

TÉMOIGNAGE DE RECONNAISSANCE

B. MELZI.

NOTICE SUR DANTE

Dante Alighieri, le plus célèbre poëte de l'Italie, naquit à Florence le 27 mai 1265, d'une famille illustre attachée au parti des *Guelfes*.

Il eut pour maître Brunetto Latini, secrétaire de la république de Florence, un des hommes les plus savants de cette époque. Dante n'avait que dix ans quand il s'éprit de la jeune Béatrix Portinari; une mort prématurée lui enleva l'objet de son amour dont plus tard il immortalisa la mémoire dans la *Divine Comédie*.

La perte de Béatrix avait causé à Dante tant de chagrin, que ses parents et ses amis craignirent un instant de le voir succomber à sa douleur. Pour l'en distraire, on le maria à Gemma Donati, dont il eut six enfants. Malheureusement, cette femme, d'une humeur bizarre et acariâtre, ne fit pas le bonheur de son époux, qui fut contraint de l'abandonner.

Par sa naissance, ses talents et l'exaltation de son caractère, Dante était appelé à jouer un grand rôle dans les événements politiques contemporains. Il combattit vaillamment contre les Gibelins d'Arezzo et, en 1289, il se fit remarquer par sa bravoure à la bataille de Campaldino gagnée sur ces derniers, ainsi qu'à la prise de Caprona enlevée aux républicains de Pise (1290).

Vers la fin du siècle, des troubles politiques éclatèrent à Florence, et les Guelfes se divisèrent en deux factions: *les Blancs* et *les Noirs*. Dante prit parti pour les premiers. En 1300, il fut nommé *prieur* de la république de Florence.

Peu de temps après, les chefs des Noirs vinrent à Rome solliciter l'appui du pape Boniface VIII et accusèrent les Blancs de connivence avec les Gibelins. Dante fut alors chargé par les Blancs de se rendre en ambassade auprès du Saint-Siége pour protester contre ces accusations. Profitant de son absence, les Noirs mirent à leur tête Charles de Valois et entrèrent dans Florence. Les Blancs, déclarés ennemis de la patrie, furent chassés; Dante, enveloppé dans la proscription de ses amis politiques, fut exilé, sa maison brûlée, ses biens confisqués, et lui-même condamné à être brûlé vif, s'il venait à tomber entre les mains des Noirs.

C'est de cette époque que date, avec les malheurs du poëte, sa véritable gloire. Dans son exil, il se rapprocha des Gibelins, et, en l'an 1309, Henri VII étant venu se faire couronner en Italie, les espérances de Dante se réveillèrent : il conçut le projet de se faire ouvrir par les armes les portes de Florence. Après l'échec de cette tentative, le proscrit se retira, d'abord à Padoue, ensuite chez le marquis Malaspina, et, peu de temps après, à la cour des Scaligeri, à Vérone. L'indépendance et l'élévation de son esprit ne lui permirent guère de s'habituer au nouveau genre de vie que les bassesses des courtisans et des bouffons lui rendaient encore plus insupportable. Il quitta Vérone et, renonçant enfin à tout espoir de retour à Florence, il traîna, de ville en ville, une existence misérable ; il parcourut la France, fréquenta l'Université de Paris, et, forcé dans la suite d'implorer la protection des différents seigneurs gibelins, il séjourna à leur cour. C'est ainsi qu'il passa quelques années à Gubbio auprès de *Bosone de Raffaelli*, et, enfin, chez *Guido de Polenta*, seigneur de Ravenne, où il mourut, en 1321, au retour d'une mission que ce seigneur lui avait confiée auprès de la république de Venise.

Ses funérailles eurent la splendeur d'un triomphe.

Dans ses écrits, Dante a répandu une foule de

beautés pathétiques et d'expressions inimitables. La grandeur et la majesté du style, la magnificence des descriptions et des images lui ont valu l'admiration universelle.

Mais un des principaux titres de la gloire de Dante est la création de la langue et de la poésie italienne. La *Divine Comédie* est le premier poëme qui ait été écrit en italien; jusque-là, on n'écrivait qu'en latin.

Avant Dante, les chants lyriques des Troubadours et les poëmes épiques des Trouvères s'étaient répandus en Italie à la suite des conquêtes des Normands de la Pouille, de la Calabre et de la Sicile. La poésie sicilienne se forma vers la moitié du douzième siècle sur le modèle de la poésie provençale, et, grâce à la protection qu'elle rencontra à la cour de Naples, elle exerça une action rapide sur le goût des Italiens. Le latin s'était déjà séparé de la langue vulgaire: les femmes ne l'apprenaient plus, et pour leur plaire, pour leur parler d'amour, il fallait se servir du langage commun. Des hommes d'une passion ardente avaient tourné toute l'attention des âmes sur les mystères de la religion. Les lettres et les études religieuses prenaient une forme scolastique. Le ciel, le purgatoire, l'enfer étaient toujours présents à l'imagination du peuple, des dévots, de tous les chrétiens. Les croyants voyaient ces objets avec les yeux de la Foi, mais sous des formes matérielles.

Dante arriva. Il vit qu'aucun des poëtes qui l'avaient précédé ne s'était suffisamment servi de l'art pour toucher les esprits, et qu'aucun philosophe n'avait pénétré dans les régions de la pensée et du sentiment. Il se rendit compte de l'esprit religieux, méditatif, scolastique, théologique de son siècle; il comprit la popularité réservée à un poëme dont le sujet serait emprunté à la Foi. En présence de nombreux matériaux poétiques qui, tout bruts et informes qu'ils étaient, n'attendaient pour se transformer que la main d'un habile ouvrier, il devina, par une intuition de génie, la possibilité de faire servir ces matériaux à la construction d'un édifice sublime et populaire en même temps.

Au lieu des *Chants d'amour*, des *Madrigaux* et des allégories fausses et tiraillées, il conçut dans son incomparable imagination *tout le monde invisible*, et entreprit de le dévoiler poétiquement à l'Italie.

En effet, le poëme de la *Divine Comédie* est au-dessus de ce que peut concevoir l'imagination la plus hardie; tout y concourt: la description du monde, des cieux, des planètes, des hommes, des peines, du bonheur et de la misère. On ne saurait rencontrer, dans l'histoire de la poésie, un esprit capable d'embrasser une matière aussi vaste et aussi fertile.

L'argument qu'il choisit était le plus intéressant, le plus élevé et le plus profondément religieux de son siècle. Schlegel, dans son *Histoire de la Littérature ancienne et moderne*, appelle Dante : *le plus grand des poëtes chrétiens*. Le poëme de l'exilé florentin est, en effet, un poëme chrétien par excellence : l'idée de l'Église y prédomine ainsi que le culte extérieur de la Vierge, des Saints et, enfin, l'espoir d'une vie meilleure au delà du tombeau.

Comme tous les poëtes anciens, Dante est l'historien des mœurs de son siècle, le peintre du genre humain, le prophète de la patrie. Il aimait passionnément son Italie, et il gémissait de la voir divisée en un grand nombre d'États étrangers les uns aux autres. En créant une langue nationale, il espérait ramener ses compatriotes au sentiment de leur unité politique. Tel fut Dante auquel l'Italie donna le nom de *poëte divin*.

ARGUMENTS ANALYTIQUES

DES XXXIV CHANTS DE L'ENFER.

CHANT I.

A la chute du jour, le poëte feint de s'être égaré dans une forêt obscure et inconnue. L'effroi le saisit; mais il se rassure en atteignant le pied d'une colline dont le front s'éclaire déjà des premiers rayons du soleil. Après s'être reposé un instant, il continue sa marche, mais bientôt une panthère lui barre le chemin. Cependant, le soleil montant à l'horizon le remplit d'un courage nouveau; quand, tout à coup, un lion lui apparaît, la tête haute et l'œil menaçant. Une louve, d'une maigreur effrayante, le suit, enlève au poëte tout espoir de monter sur la colline, et le force à retourner dans la forêt.

Tandis qu'il erre dans ces profondeurs, l'ombre de Virgile lui apparaît, et l'engage à gravir la colline par une autre route; puis elle ajoute qu'elle est chargée de le conduire dans l'Enfer et dans le Purgatoire; mais qu'une autre main plus digne le mènera au séjour de la gloire, où règne le souverain maître du monde.

Dante suit alors l'ombre dans un sentier sauvage et ténébreux.

CHANT II.

Le jour dont la naissance est indiquée dans le premier chant, tire vers sa fin, et les fils de la terre se préparent au repos. Le poëte, tout en suivant son guide immortel, lui fait part des hésitations et des craintes qu'il éprouve au moment de descendre dans le royaume des morts, et il s'arrête tout pensif sur le penchant du gouffre. C'est alors que Virgile, pour dissiper la frayeur qui l'enchaîne, lui dit que Béatrix elle-même est descendue du ciel pour lui demander d'être le bon génie de son ami fidèle. Le poëte se sent aussitôt animé d'une vigueur nouvelle, et suit sans hésiter le maître que le ciel lui a envoyé.

CHANT III.

Les deux poëtes arrivent à une immense porte ouverte en tout temps. Après avoir lu l'inscription qu'éclairait un feu sombre, ils se trouvent bientôt dans la première enceinte de l'Enfer, où ils entendent les pleurs et les gémissements qui s'élèvent dans cette nuit sans étoiles. Dante apprend que c'est la demeure de ceux qui vécurent sans vices ni vertus. Bientôt le poëte aperçoit une foule immense se précipitant vers un grand fleuve. Un vieillard au visage sévère et à la parole menaçante, conduit sur les eaux de ce fleuve une barque dans laquelle les âmes malheureuses descendent en tumulte en poussant de grands cris.

Le vieux nocher s'irrite en voyant un homme vivant dans l'assemblée des morts, mais Virgile l'apaise en lui faisant connaître la volonté de l'Éternel ; puis, il explique à Dante que les âmes qu'il vient de voir sont celles des hommes qui meurent dans la colère de Dieu. L'ombre n'avait pas encore achevé de parler, quand les noires campagnes s'ébranlent si fortement que le poëte tombe dans un état semblable à celui d'un homme plongé dans un profond sommeil.

CHANT IV.

Bientôt la voix lugubre du tonnerre réveille le poëte qui se trouve transporté au delà du fleuve, et sur le bord de l'abîme d'où remonte jusqu'à lui le bruit confus des pleurs et des gémissements des malheureux qui y sont plongés.

Il tremble, et le visage pâlissant de son guide augmente sa frayeur. Cependant, Virgile lui apprend que la compassion est la seule cause de son trouble ; il ajoute que ce lieu s'appelle *les limbes*, et forment le premier cercle des enfers où sont plongés ceux qui n'ont pas reçu l'eau salutaire qui purifie les enfants du Christ. Virgile avoue que lui-même partage le triste sort de ces âmes. Puis, il continue et apprend à son compagnon qu'un jour, une ombre puissante couronnée des palmes de la victoire, descendit dans ce lieu, et emmena à sa suite les âmes d'un grand nombre de personnages des temps anciens. Tout en parlant ainsi, les deux poëtes s'avancent, et se trouvent dans un espace éclairé d'une douce lumière, et rafraîchi par l'eau des fontaines. Dante apprend que c'est là le dernier asile des grands hommes dont les noms illustres sont encore en vénération parmi les mortels. Cette troupe vénérable s'empresse au-devant des deux visiteurs, les salue avec cordialité, et tous se dirigent vers un château majestueux entouré de prairies verdoyantes. Mais, bientôt, Dante et son guide abandonnent cette paisible retraite pour se diriger de nouveau vers l'atmosphère toujours frémissante et ténébreuse de l'enfer.

CHANT V.

Dante et Virgile parviennent à la seconde enceinte de l'abîme, d'où s'élèvent des cris plus aigus. C'est là que le juge des enfers pèse les crimes et les condamne. Il s'irrite à la vue d'un mortel qui ose s'aventurer si près de son tribunal; mais Virgile lui fait connaître la volonté du ciel. Alors les deux poëtes descendent encore, et arrivent dans cette nuit que ne récréa jamais un léger crépuscule. L'ouragan infernal parcourt sans relâche ces noirs circuits, emportant les âmes dans sa course, et les froissant dans un choc éternel. Dante apprend que ces tourments sont réservés aux âmes charnelles dont l'amour enivra la raison. Parmi elles, Dante distingue des hommes illustres des siècles passés, ainsi que plusieurs qui ont vécu dans des temps plus rapprochés, et, entre autres, deux ombres inséparables que Virgile lui dit être celles de Françoise de Rimini et de son amant, surpris tous deux dans un même trépas. Le malheur de ces deux âmes toucha le poëte si profondément qu'il tomba inanimé.

CHANT VI.

Déjà la tendre compassion qu'éprouvait Dante pour ces deux amants infortunés a disparu de son cœur; il se relève, et se trouve bientôt au troisième contour des enfers, au cercle des orages.

A travers la pluie, le vent et le fracas des eaux, il entend les gémissements des malheureux submergés, épouvantés encore par le triple aboiement du redoutable chien des enfers. Ce monstre hideux, en apercevant les deux poëtes, veut s'élancer sur eux, mais Virgile lui jette de la terre humide qu'il dévore comme une proie. Dante apprend qu'il contemple en ce moment les supplices des gourmands, et reconnaît même en ce lieu un homme de son pays, à qui il demande de lui faire connaître quelle est la fin réservée à leurs citoyens divisés. Puis il quitte cette ombre malheureuse, se retourne vers Virgile, et écoute les enseignements que celui-ci lui donne sur la vie future. C'est ainsi que les deux poëtes parcourent ce vaste circuit, et s'apprêtent à descendre dans un nouveau cercle, où ils trouvent Pluton, cet antique ennemi de l'homme.

CHANT VII.

Pluton pousse un cri de surprise en apercevant un mortel encore vivant descendre dans la région qui lui est confiée, mais Virgile le réduit au silence en lui rappelant la victoire de l'Archange Michel qui foudroya les rebelles. Les deux poëtes sont parvenus au quatrième cercle, où sont punis éternellement les prodigues et les avares. Ces ombres malheureuses, divisées en deux camps, et chargées de poids énormes, accourent les unes contre les autres, se frappent, et se livrent ainsi à une lutte éternelle accompagnée de clameurs insultantes. Elles souffrent, les unes pour avoir enfoui les trésors que la fortune leur avait donnés; les autres, pour les avoir follement prodigués. Virgile explique ensuite à Dante, que le Maître du monde a confié la distribution des richesses de la terre à un esprit puissant, dont l'oreille est sourde aux désirs de l'ambition, et insensible aux outrages des ingrats souvent comblés de ses faveurs. Tout en discourant ainsi, le sage de Mantoue emmène son protégé jusqu'au bord du cercle où se trouve un fleuve dont les eaux noires et fumantes forment le marais du Styx. C'est là que commence le cinquième cercle des enfers.

Des ombres nues s'agitent et se heurtent dans ces flots épais et fumants. Ce sont les vindicatifs dont les vertiges insensés troublent la douce sérénité de la vie et la paix des familles. Peu après, Dante et Virgile arrivent au pied d'une tour.

CHANT VIII.

Sur cette tour brillent trois flammes. Une barque légère glisse sur l'eau marécageuse du fleuve avec une rapidité semblable à celle de l'arc du chasseur. Virgile entre le premier dans cette barque et invite son compagnon à l'y suivre. Bientôt une ombre s'élève du sein des flots épais; elle s'adresse à Dante qui reconnaît en elle un homme de Florence, remarquable par sa force prodigieuse et, aussi, par une brutalité plus grande encore. Cette âme se présente de nouveau aux regards du poëte; celui-ci la voit alors luttant avec les enfants boueux du Styx qui se jettent sur elle avec fureur. Des cris plaintifs le détournent bientôt de ce triste spectacle, et, dirigeant ses yeux dans l'espace, il découvre la cité du prince des enfers. Virgile le mène devant les murailles de fer qui défendent cette cité; il s'approche seul de ceux qui en gardent l'entrée, et laisse son compagnon suspendu entre le doute et la frayeur. Cependant il revient, mais triste et abattu; néanmoins, il annonce à Dante que déjà s'avance vers eux celui qui doit leur faire ouvrir la cité redoutée, dont l'entrée vient de leur être refusée.

CHANT IX.

Virgile apaise son trouble, s'arrête et écoute en prononçant des paroles entrecoupées. Tout à coup, les Furies se montrent sur le faîte de la tour de la cité infernale, en se meurtrissant le sein qu'elles déchirent de leurs ongles cruels. Elles auraient voulu changer Dante en rocher, mais Virgile lui dit de détourner son visage, de crainte que le regard d'une des Furies ne tombe sur lui. Cependant un bruit formidable croît dans l'éloignement, semblable à l'ouragan qui marche avec orgueil, chassant devant lui les animaux et l'homme épouvantés. Dante regarde et voit la foule des morts se précipiter devant celui qui traverse le Styx à pied sec ; il s'incline alors avec respect devant ce messager des cieux qui leur fait ouvrir les portes infernales. Les deux poëtes entrent sans obstacle dans la cité, où ils ne découvrent d'abord qu'une immense plaine aride et déserte ; mais, en avançant, ils aperçoivent un nombre considérable de sépulcres qui semblent enveloppés de flammes : ce sont les prisons ardentes des hérésiarques et de leurs nombreux enfants.

CHANT X.

Dante suit son guide dans un sentier secret, entre les remparts et les tombes embrasées ; il apprend que ces sépulcres, ouverts à présent, seront fermés pour toujours, quand les morts y seront rentrés après avoir repris leur chair dans la vallée de Josaphat. Soudain, une ombre se lève de son cercueil, et adresse la parole à Dante qui reconnaît un ancien ennemi de sa race. A côté de cette ombre, une autre élève la tête hors du même cercueil et demande où est son fils Guido (poëte du temps). Dante ayant un peu tardé à lui répondre, elle tombe à la renverse et ne reparaît plus. Cependant, la première ombre reprend son entretien sur les discordes de Florence ; elle annonce au poëte les malheurs dont il est menacé, et lui parle encore pendant quelques instants sur l'état des morts. La voix de Virgile se fait entendre ; Dante revient auprès de lui dans le trouble et la tristesse. Son guide, après lui avoir annoncé que Béatrix elle-même doit lui faire connaître tous les hasards de sa course mortelle, le mène dans un sentier qui se perd dans les vapeurs de la nuit éternelle.

CHANT XI.

Les deux poëtes arrivent à l'extrémité d'une vallée bordée par des rochers entr'ouverts. De là, leurs yeux plongent dans l'abîme d'où s'exhale une odeur telle qu'elle les force à se reculer vers un grand sépulcre. Dante apprend que ces rocs énormes pressent de toutes parts trois cercles resserrés où sont entassés de nombreux coupables, dont les plus haïssables sont les perfides : l'enfer entier pèse sur eux.

La violence est punie dans le premier cercle qui se subdivise en trois donjons. Dans le premier, sont enfermés les brigands, les incendiaires, les homicides.

Les furieux qui ont levé sur eux-mêmes leur main sanguinaire sont punis dans le deuxième donjon, et le troisième renferme les blasphémateurs qui outragent la nature et ses saintes lois. Dans le deuxième grand cercle, sont tourmentés à jamais les perfides, les hypocrites, les débauchés, les voleurs et les menteurs; mais celui qui trahit les siens foulant aux pieds l'amitié et l'amour, celui-là est garrotté dans le troisième cercle, centre obscur et resserré du monde que la cité des enfers presse de tout son poids.

Virgile apprend encore à Dante que ceux qu'ils ont vus dans le vestibule des enfers, étant moins coupables, sont pour cela séparés de la race maudite; puis, il lui fait comprendre comment l'usure est une offense contre Dieu, et, bientôt, ils arrivent au bord d'un immense précipice.

CHANT XII.

L'abîme présente aux regards des deux poëtes une profondeur insondable; cependant, ils se disposent à y descendre. Le Minotaure qui était étendu sur les pointes des rochers, se met en fureur en les voyant; mais le sage de Mantoue ne s'en émeut pas, et mène son compagnon dans ces âpres sentiers, où les roches mobiles se dérobent sous leurs pieds. Ces traces de destruction et de ruine sont la suite de l'ébranlement qui se fit sentir quand la grande ombre descendit aux limbes.

Au fond du gouffre, coule un fleuve de sang dont les ondes bouillantes abreuvent à jamais les tyrans du monde.

Bientôt trois centaures armés de flèches arrivent sur les bords du fleuve; l'un est Nessus, le second est Chiron, maître d'Achille, et le troisième est Pholus, le plus furieux des centaures. Celui-ci s'étonne de voir un mortel en ces lieux, et Virgile lui apprend qu'une âme descendue des chœurs célestes l'a confié à ses soins; puis, il lui demande un des siens pour les conduire tous deux sur l'autre côté du fleuve. Nessus est désigné.

Les rives du fleuve sont baignées d'un sang bouillant, et retentissent toujours de sanglots; sa surface est hérissée de têtes qui sortent à moitié de l'onde fumante. Ce sont les tyrans du monde. Là pleurent continuellement Alexandre de Phère, Denys, Ezzelin, Obizzo d'Este, Attila, fléau du monde, et Pyrrhus, roi d'Épire, qui passa sa vie à verser le sang des hommes. C'est là aussi que sont punis les assassins dont quelques-uns des plus célèbres sont indiqués aux deux poëtes qui sont maintenant arrivés de l'autre côté du fleuve.

Nessus alors les quitte.

CHANT XIII.

Le centaure touche à peine l'autre rive, que déjà Dante et son guide pénètrent dans une petite forêt privée de sentiers, mais remplie de troncs sans verdure et sans fruits. Les harpies voltigent au-dessus, répétant sans cesse leurs cris monotones. C'est le second donjon où sont punis les violents contre eux-mêmes. Cette enceinte précède immédiatement les sables brûlants. Des voix plaintives se font entendre sans qu'on aperçoive une seule ombre dans cette vaste solitude. D'après le conseil de Virgile, Dante arrache un rameau à l'un de ces troncs qui aussitôt pousse des gémissements, et laisse couler un sang noirâtre. Immobile et saisi de terreur, il laisse tomber le rameau sanglant, tandis que Virgile l'excuse auprès de l'ombre outragée. Celle-ci, apaisée, raconte qu'autrefois elle était en grande faveur auprès de Frédéric; mais que des envieux lui ayant fait perdre l'amitié du prince, elle ne sut pas supporter cette disgrâce et se donna la mort. Elle apprend à Dante que la dépouille des suicidés est précipitée dans le septième cercle aussitôt après la mort; qu'elle tombe au hasard dans la forêt, y prend racine, puis se couvre de rameaux et de feuilles que les harpies lui arrachent sans cesse; plus tard, chaque tronc aura son cadavre. L'ombre parlait encore, lorsqu'un bruit épouvantable se fait entendre; tout à coup, on voit deux malheureux, nus et déchirés, poursuivis par des chiennes noires et affamées, qui les atteignent bientôt et se disputent entre elles leurs membres palpitants. Tel est le supplice de ceux qui hâtent leur trépas.

CHANT XIV.

Les deux poëtes arrivent sur la lisière de la forêt, près d'une plaine désolée, couverte de sables brûlants. Des âmes innombrables sont dispersées dans ces régions: les unes sont gisantes et renversées; les autres assises et courbées; enfin, beaucoup courent éperdues dans ces tristes déserts; celles-ci poussent des cris plus désespérés.

Sur ces plaines sablonneuses, des flammes descendent lentement en pluie éternelle, et le sol, ainsi embrasé, double les tortures de ces âmes malheureuses.

Ils aperçoivent une grande ombre qui semble n'avoir pas fléchi sous ces torrents de feu: c'est Capanée, un des sept rois qui assiégèrent Thèbes. Son indomptable orgueil accroît son supplice. Virgile entraîne son compagnon vers un ruisseau qui sort de la forêt, et va se cacher dans les sables, en absorbant sans cesse les flammes qui pleuvent dans son sein. Puis, l'ombre immortelle fait connaître à Dante comment se sont formés les fleuves des enfers, et lui explique aussi que cet empire des vengeances célestes est creusé en cercle, de degrés en degrés jusqu'au centre du monde, et, qu'après avoir parcouru un cercle entier, leur voyage sera terminé. Virgile lui fait comprendre aussi que le Phlégéthon n'est autre que le grand ruisseau de sang qu'ils ont déjà vu, et que le fleuve Léthé n'est pas dans les enfers, mais qu'il arrive des lieux où habitent le repentir, le pardon et l'espérance.

CHANT XV.

Dante et son guide s'éloignent de plus en plus de la forêt. Ils aperçoivent des ombres qui, tout en passant, les regardent avec une attention pénible.

Ces malheureux sont ceux qu'on appelle *les violents contre nature.*

Tout à coup, l'un d'eux reconnaît le poëte, et, saisissant sa robe, il tend vers lui ses bras décharnés. Ses traits noircis et brûlés ne laissent pas cependant de rappeler à Dante le souvenir de son ancien précepteur, Brunetto Latini. Celui-ci s'éloigne un instant de ses compagnons d'infortune, sans néanmoins s'arrêter dans sa course éternelle.

Il demande ensuite à son ancien élève comment il se trouve, avant son heure, dans le séjour des morts, et apprend que Virgile, par un ordre du ciel, doit lui faire parcourir cette demeure de deuil et de tristesse. L'ombre annonce à Dante plusieurs des futurs événements de sa vie, et, tout en avançant, il lui nomme quelques-uns de ses compagnons. Il allait continuer l'entretien, lorsqu'un tourbillon qui s'avance entraînant à sa suite de nombreux coupables, le force à s'enfuir rapidement.

CHANT XVI.

On entend le murmure sourd et confus de l'onde qui s'engloutit au huitième cercle, et, bientôt, une foule de malheureux que la pluie enflammée poursuit, se montrent dans le lointain.

Trois d'entre eux, en apercevant les deux poëtes, accourent à leur rencontre, mais un seul rompt le silence : c'est Rusticucci, de Florence. Il nomme ses deux compagnons qui sont aussi de la même ville. Les deux poëtes sont arrivés au troisième donjon où sont renfermés les violents contre nature. Leurs visages sillonnés par les flammes et leurs membres calcinés remplissent le cœur de Dante d'une amère tristesse.

L'illustre infortuné est touché de la compassion de son

ancien concitoyen ; il lui souhaite une longue vie et l'admiration de la postérité. Puis, il demande dans quel état se trouve leur cité natale, et apprend avec douleur que les divisions et la discorde règnent encore dans ses murs. Ensuite, ces trois ombres légères disparaissent plus rapides que l'oiseau.

Virgile s'avance alors sur le bord du gouffre formé par les ondes rougeâtres du Phlégéthon ; il jette dans cette bouche ténébreuse une corde longue et solide qu'il suit de l'œil au fond de l'abîme. Alors une figure que le plus intrépide n'eût pu envisager sans pâlir, sort de cette noire enceinte ; elle monte en nageant dans l'épaisse nuit, comme un plongeur s'élève du fond des mers.

CHANT XVII.

Ce monstre, vivant symbole de la fraude, infecte les siècles et les climats, et renverse le vaillant et le fort.

Virgile lui ordonne de s'approcher, et Dante peut contempler à loisir les formes étranges de cette bête cruelle. Puis, ils vont tous deux à peu de distance de la plaine aride où un grand nombre d'âmes sont assises dans les sables brûlants. C'est le troisième donjon où sont punis les usuriers qu'on appelle les violents contre la société.

Virgile s'approche ensuite du monstre qui doit les descendre dans l'abîme sur sa croupe vigoureuse. Dante, resté seul, contemple les malheureux qui sont éternellement assis. Des larmes cuisantes inondent leurs paupières, et leurs mains désespérées repoussent et reçoivent sans cesse les feux qui les assaillent de toutes parts.

Chacun de ces coupables porte au cou une bourse dont il semble encore repaître sa vue. Cependant, Dante revient près de son guide qu'il trouve déjà monté sur les puissantes épaules du monstre Géryon. Dante frémit de crainte ; mais honteux de la frayeur qu'il ressent, il ne tarde pas à s'asseoir aussi sur cette croupe hideuse.

Géryon se plonge lentement dans le gouffre, et plane en tournoyant dans un cercle allongé. Dante se penche et regarde au-dessous de lui ; des spectacles nouveaux passent tour à tour devant ses yeux ; les flammes et les gémissements qui s'élèvent de toutes parts le troublent de plus en plus. Enfin, Géryon s'abat au pied des rocs décharnés, et, libre de son double fardeau, s'enfuit au loin comme un trait léger.

CHANT XVIII.

Dante et Virgile sont déposés par le monstre au pied des remparts qui leur cachaient le huitième cercle.

Ce lieu se nomme *les vallées maudites*. Il est entouré de rochers noirâtres et élevés qui lui servent de ceinture ; dix larges vallées inégales en partagent le fond et vont en décroissant jusqu'au centre, où se trouve un gouffre vaste et profond. Au fond de la vallée, le poëte aperçoit des ombres nues qui marchent sur deux files égales et en sens contraire. Sur l'un et l'autre bord de la vallée, des démons armés de griffes et de fouets noueux frappent à outrance les âmes perverses ; elles fuient en vain, toujours elles se retrouvent à portée des bras infatigables. Le poëte reconnaît parmi ces ombres celle de Caccianimico, un Bolonais qui avait séduit et vendu au marquis d'Este la belle Gisole. Dante l'interroge, et, pendant que l'ombre lui répond, un démon tout à coup s'approche et la frappe violemment en lui criant : « Marche, infâme ; il n'est point ici de femme à vendre. »

Dante et Virgile arrivent au pied d'un rocher, qui, du bas des remparts, est jeté comme un pont sur la première vallée ; ils le gravissent, et Virgile désigne à son compagnon parmi les ombres flagellées qui se pressent sous l'antique pont, celle de Jason, qui séduisit à Lemnos la jeune Hypsipyle et l'abandonna, la laissant veuve et mère.

Ils descendent ensuite dans un nouveau circuit où le pont vient reposer sa base et se relève pour embrasser la seconde vallée; ils entendent les cris des damnés, plongés dans d'infectes vapeurs. Du haut du pont, ils considèrent ce spectacle horrible, et Dante reconnaît parmi ces ombres, Interminelli, de Lucques, vil et bas flatteur.

CHANT XIX.

Ce chant débute par une imprécation contre Simon, le mage imposteur, et les simoniaques. Du haut de la roche qui sert de pont à la troisième vallée, l'œil des voyageurs voit un affreux et étrange spectacle.

L'infernale enceinte est parsemée de fosses circulaires; dans chaque fosse un coupable est plongé, la tête en bas, de telle sorte que ses jambes sortent encore, tandis que le tronc enseveli pend à la voûte souterraine. Des langues de feu lèchent ses pieds renversés. Le poëte montre à son guide un coupable dont les flammes irritées s'agitent plus violemment que celles des autres damnés. Virgile lui conseille de l'interroger; le poëte s'approche et, tout à coup, la voix souterraine lui crie : « Te voilà déjà, Boniface? Es-tu là debout? » Et sur l'exclamation du poëte, l'ombre soupire profondément et raconte ses crimes : c'est le pape Nicolas III, de la famille des Ursins; il se fit justement haïr par son attachement immodéré pour ses neveux auxquels il prodiguait les trésors de l'Église; il attend que Boniface, son successeur, vienne le remplacer dans cette fosse où ont passé ses devanciers en crimes et en puissance. Le poëte l'apostrophe amèrement : il lui demande si le maître céleste vendit les deux clefs à Barjône, si le successeur du traître Judas obtint sa place à prix d'or. — Il maudit toutes les ombres pontificales qui ont trafiqué honteusement de leur pouvoir ; il cite les prédictions de l'évangéliste qui voyait l'Église perdant son éclat à mesure que son chef perdait ses vertus. Il termine en maudissant Constantin pour avoir donné au pape le patrimoine de Saint-Pierre. — Après ce discours, son guide le prend par le bras et le porte sur les roches d'un nouveau pont d'où l'on voit le sein de la quatrième vallée.

CHANT XX.

Dans la quatrième vallée sont les ombres des astrologues et des magiciens. En regardant les ombres qui l'habitent, Dante s'aperçoit avec une surprise mêlée d'horreur que la tête de ces malheureux est placée sur le tronc en sens inverse de sa position naturelle, de sorte qu'ils semblent avancer et reculer en même temps. — Et comme le poëte s'émeut, Virgile lui reproche cet attendrissement, et l'engage à être sans pitié pour des coupables qui ont voulu de leur vivant être les émules de Dieu. Il lui montre Amphiaraüs, un des sept rois qui allèrent au siége de Thèbes, et qui fut englouti avec son char devant toute son armée, pour avoir prévu et annoncé sa mort ; puis Tirésias, devenu femme pour avoir frappé deux serpents, et les frappant de nouveau pour reprendre sa robe virile ; Arons, autre devin qui avait creusé sa grotte dans les montagnes des environs de Carrare ; il lui désigne ensuite la voyageuse Manto, qui quitta Thèbes après la mort de Tirésias, et alla exercer son art près du Mincio, dans un champ inculte et désert situé au milieu des marécages : après elle, les tribus éparses de la contrée fondèrent en ce lieu la ville de Mantoue, patrie de Virgile. — Le sage montre ensuite Euripyle, collègue de Calchas, Michel Scot, Guido Bonatti, Asdent et plusieurs femmes sacriléges qui laissèrent le fuseau pour les herbes magiques.

CHANT XXI.

Dante et son guide visitent la cinquième vallée où sont punis les prévaricateurs, juges et ministres qui ont vendu la justice et la faveur des rois.

Arrivé au centre du pont qui se courbe sur la cinquième vallée, Dante cherche d'abord en vain à connaître ce nouveau séjour; il ne voit partout qu'une affreuse obscurité. Il aperçoit, enfin, dans les profondeurs de la vallée, un noir bitume bouillant qui s'attache de toutes parts. Tout à coup, un démon bondissant sur la roche escarpée, précipite un malheureux Lucquois dans le gouffre. Le réprouvé revient à la surface, mais des démons l'enfoncent de nouveau avec leurs fourches. Virgile s'approche des démons pour leur parler; ceux-ci lui font d'abord d'horribles menaces, mais il les dompte bientôt en leur faisant comprendre que son voyage est écrit dans le livre du destin. Il appelle ensuite le poëte qui se tient caché; celui-ci ne s'approche qu'en tremblant. Le chef des noirs esprits indique aux voyageurs le chemin de la sixième vallée, il leur donne dix démons pour les accompagner, et bientôt la troupe se met en marche sur un signal immonde du chef.

CHANT XXII.

Suite de la cinquième vallée, où sont punis les prévaricateurs qui ont vendu les grâces et les emplois. Ce chant débute par des allusions métaphoriques à l'immonde signal donné par le chef des esprits. En suivant la troupe infernale qui les précède, Dante cherche à reconnaître quelques-uns des êtres qui vivent dans la poix bouillante; il les voit monter à la surface et disparaître subitement à l'approche des démons. Un seul ose s'attarder; il est saisi et porté sur le rivage par l'esprit qui marche le plus près du bord. Virgile questionne le malheureux. C'est un ancien favori du bon roi de Navarre Thibault, chez lequel il faisait le trafic des bonnes grâces de son maître. Sur la demande de Virgile, il ajoute qu'il était naguère à côté d'une âme italienne punie pour les mêmes motifs que lui. Les démons commencent à torturer le misérable; ils lui arrachent des lambeaux de chair avec leurs fourches, et ne s'arrêtent qu'épuisés de fatigue. Virgile le questionne encore après le supplice, et apprend de lui que l'Italien qui est dans le bitume bouillant, c'est le juge de Collure, frère Gomite; il a pour compagnon d'infortune le sénéchal de Logador. Il promet de faire apparaître quelques damnés de Toscane et de Lombardie, si on veut le laisser seul un instant. Sur le conseil de l'un d'eux, les démons y consentent, ils s'éloignent et le Navarrois bondit dans le gouffre. Un démon se précipite pour le saisir, mais en vain; un autre, furieux de l'outrage, a suivi son compagnon; une lutte s'engage et tous deux tombent dans la poix bouillante. Le chef les fait retirer par quatre des siens; pendant ce temps, les voyageurs s'éloignent, laissant leur escorte se débattre à loisir.

CHANT XXIII.

Sixième vallée, où sont punis les hypocrites. — Le poëte et son guide fuient rapidement, craignant la fureur de la noire escorte. Dante fait part à Virgile de sa frayeur; celui-ci le rassure. — Bientôt la foule des démons est sur leur trace: Virgile prenant son compagnon dans ses bras glisse rapidement sur la pente des rocs; à peine atteignent-ils le fond de la nouvelle enceinte, où ils sont en sûreté, que la troupe des démons paraît sur leurs têtes.

Ils voient passer devant eux les ombres qui peuplent la sixième vallée; ce sont des hypocrites. Vêtus d'amples robes reluisantes d'or à la surface, mais doublées de plomb, ils marchent lentement et péniblement sous leur lourd fardeau. Une de ces ombres s'adresse à Dante et lui demande ce qu'il vient faire dans les enfers; le poëte lui répond et l'interroge à son tour: il apprend que c'est un Bolonais appartenant, ainsi qu'un de ses compagnons qui marche à ses côtés, à la confrérie des frères joyeux: l'un se nomme Lothaire, l'autre Catalan. — Ils furent chefs de la République et augmentèrent ses discordes. Les voyageurs voient ensuite un coupable, mis en croix sur la terre, et sur lui marchent les damnés; c'est Caïphe. Son beau-père est un peu plus loin, et, plus loin encore, les docteurs de leur synagogue. Virgile demande à l'ombre bolonaise si elle connaît une issue pour sortir de la sixième vallée; elle la lui indique, et les voyageurs s'aperçoivent que le chef des démons a voulu les égarer. — Ils s'éloignent rapidement de ces tristes lieux.

CHANT XXIV.

Septième vallée, où sont punis les voleurs et les brigands. Dante compare le trouble de son guide et le sien à celui du pâtre qui, sortant le matin pour ses fourrages, ne voit autour de lui qu'une plaine blanche et couverte de neige; il rentre désespéré, et, sortant bientôt de nouveau, il s'aperçoit que cet intervalle si court a suffi pour changer la plaine désolée naguère en une campagne couverte de verdure. Virgile aide le poëte à effectuer la pénible ascension qui doit les conduire dans la septième vallée. Pour exciter son courage, il lui promet la gloire que donnent les grandes entreprises. Des combles du pont, les voyageurs entendent des plaintes confuses et inarticulées. Ils descendent pour examiner de plus près le fond de l'obscure vallée, et aperçoivent un horrible mélange de reptiles entrelacés, sur lesquels des ombres nues courent épouvantées. Un de ces serpents pique un coupable à la gorge; celui-ci se consume et tombe réduit en cendre; mais, en tombant cette poussière se ramasse d'elle-même, et le réprouvé se montre de nouveau debout, immobile comme pour attendre un nouveau supplice; il apprend au poëte et à son guide qu'il se nomme Vanni Fucci, de Pistoie, qu'il déroba les vases de l'autel, et laissa condamner un innocent : il prédit à Dante la ruine des Blancs et son propre exil.

CHANT XXV.

Ce chant contient la description de la partie de la septième vallée où sont punis les concussionnaires. — En commençant, le poëte nous montre le sacrilége de Pistoie blasphémant et narguant le ciel: tout à coup, une vipère s'enroule autour de son cou, une autre lui lie les bras et la poitrine. Le centaure Cacus paraît ensuite; il est entouré de couleuvres et porte sur son dos un dragon flamboyant qui couvre de feu tout ce qu'il rencontre. — Viennent ensuite trois esprits dont l'un disparaît subitement. Un serpent rampant sur six pieds s'élance sur l'un des coupables et s'attache à lui si étroitement que les deux corps se fondent ensemble. Un autre coupable est frappé au nombril par un reptile; la victime et le monstre restent en face l'un de l'autre, et l'on voit, sous la fumée qui les couvre, le monstre devenir homme et l'ombre se changer en serpent. Après cette métamorphose, l'homme nouveau insulte le nouveau reptile et dit à son compagnon : Je veux que Bose rampe dans la vallée aussi longtemps que moi. — Dante voit encore le Florentin Puccio Sciancato et Guercio Cavalcanti qui fut tué par les habitants de Gaville.

CHANT XXVI.

Dans la huitième vallée sont punis les guerriers fourbes et les mauvais conseillers. Dante commence par la prédiction des maux qui doivent frapper Florence. Les voyageurs arrivent sur les hauteurs qui dominent la huitième vallée. Elle paraît toute resplendissante de clarté, mais ces feux mouvants recèlent des coupables qui marchent enveloppés des flammes qui les consument. Dante remarque une de ces flammes qui se partage en deux. Elle renferme Ulysse et Diomède qui expient dans d'horribles tourments la surprise et le pillage de Troie. Virgile interroge l'ombre d'Ulysse. Le mari de Pénélope raconte ses voyages. Après s'être échappé des fers de Circé, il s'engagea dans la pleine mer avec un seul vaisseau et quelques compagnons, et, après de longues fatigues, atteignit les colonnes d'Hercule. Il franchit cette limite et vogua cinq jours dans l'océan Atlantique. Le vaisseau se trouva en présence d'une haute montagne ; l'équipage se réjouissait à sa vue, lorsqu'un tourbillon sorti de ces terres inconnues engloutit le navire.

CHANT XXVII.

Une flamme qui recèle l'âme du comte Guidon, s'approche des voyageurs. Dante en admire le mouvement et le murmure confus ; elle rougit comme le taureau que l'artiste Pérille imagina pour satisfaire la cruauté de Phalaris, tyran de Sicile. La cime étincelante de la flamme se meut comme une langue de feu, et le poëte entend une voix humaine qui lui demande si la Romagne est en paix ou en guerre. Dante répond que la Romagne n'est jamais sans guerre, mais qu'elle a joui pendant quelque temps d'une ombre de paix, sous la protection du prince de Polente.

Forli suit la fortune du lion vert, l'inconstant Pagan fait trembler Faenza et Imola, la cité qu'arrose le Savio respire et gémit entre la tyrannie et la liberté. Le comte Guidon raconte brièvement les aventures de sa jeunesse; il ajoute qu'arrivé à l'âge mûr, il se retira dans un cloître, et que ce fut là que Boniface lui confia le secret de son cœur gangrené d'ambition. Le pape lui demanda quelle était la meilleure manière de triompher de ses ennemis, lui promettant l'absolution pour ses conseils. Il n'osa pas les lui refuser, et l'engagea à suivre toujours cette maxime : *Promettre et ne pas tenir*. A sa mort, saint François descendit pour l'enlever; mais l'ange noir vint le réclamer en disant qu'une âme morte dans le péché devait lui appartenir. Il fut jeté aux pieds de Minos qui, en le voyant, tourna huit fois sa queue autour de ses flancs et la mordit avec rage en s'écriant : « Qu'il tombe au feu de félonie ! »

Quand l'ombre a fini son récit, elle s'éloigne, courbant et redressant sans cesse ses flammes languissantes. Dante et son guide gravissent au-dessus des profondeurs où sont de nouveaux coupables.

CHANT XXVIII.

Neuvième vallée, où sont punis les sectaires. — Dante ne rencontre partout que des cadavres sanglants et mutilés. Un homme se présente d'abord ; son corps est ouvert de la gorge à la ceinture, ses intestins fumants pendent sur ses genoux et l'on voit son cœur palpiter : c'est Mahomet. Il montre au poëte son gendre Ali qui marche en avant, la tête fendue jusqu'au menton. Les sectaires et propagateurs de scandale les suivent. Quand ces ombres ont parcouru le cercle de douleur, un ange les passe tour à tour au tranchant du glaive, et ouvre les plaies qui se cicatrisent de nouveau pendant que ces infortunés parcourent la vallée. Les morts entendant Virgile dire à Mahomet, que c'est un vivant qui visite avec lui les ombres de l'enfer, suspendent aussitôt leur marche. Mahomet prie le poëte, quand il retournera sur la terre, de prévenir Dolcin afin qu'il ne se laisse pas surprendre par les Novarais. Après ces mots, il reprend sa marche douloureuse.

Pierre de Médicina sort du milieu de cette foule, avec une oreille arrachée, les lèvres et le nez coupés; il dit à Dante de prévenir les deux premiers citoyens de Fano, Guido et Anjolello, qu'ils seront tous deux noyés près de Cattolica par l'ordre d'un tyran barbare. Jamais la terre, dit-il, ne fut souillée d'un acte de perfidie pareil à celui que consommera le traître Malatestino qui règne sur des lieux que voudrait n'avoir jamais vus l'ombre de Curion qui poussa César au delà du Rubicon. — Mosca, de la famille des Uberti, lève en l'air ses bras privés de mains, et se lamente. Dante voit encore un être sans tête qui suit la foule : ce triste corps tient sa tête par les cheveux, et la porte devant lui comme une lampe suspendue; en passant devant les voyageurs, il la lève, et ceux-ci entendent cette tête s'accuser des crimes qu'elle avait commis sur la terre. — « Toi, qui vas respirant au milieu des morts, apprends, dit-elle, que je fus Bertrand de Born, sinistre conseiller du prince Jean; c'est pour avoir divisé le père et le fils que je subis ce supplice terrible, image de mon crime. »

CHANT XXIX.

Dixième vallée, où sont punis les charlatans et les faussaires. — La foule des morts et le sang ont plongé Dante dans une si douloureuse ivresse que ses yeux ne se lassent pas de verser des larmes.

Virgile le tire de sa triste rêverie en lui rappelant la grande étendue qu'ils ont encore à parcourir. Dante dit à son guide qu'il a reconnu parmi ces malheureux un homme de son sang dont la mort n'a pas encore été vengée. En continuant leur entretien, ils arrivent dans la dixième et dernière des vallées maudites, où ils entendent des cris mêlés de plaintes, des voix perçantes qui remplissent l'âme du poëte d'une tristesse immense. C'est le lieu où sont punis les faussaires qui sont répandus dans la vallée, dans diverses attitudes : celui-ci couché sur le ventre et immobile, celui-là haletant sur les flancs de son compagnon ; tel autre se traîne en rampant ; enfin, tous sont comme des spectres moribonds qui peuvent à peine se soutenir. Il remarque plus particulièrement deux de ces infortunés adossés l'un à l'autre, et encroûtés tous deux d'une lèpre immonde ; ils ramènent sans cesse leurs ongles de la tête aux pieds et se défigurent de coups et de meurtrissures pour apaiser l'effroyable ardeur qui les dévore.

Virgile parle au premier ; celui-ci lui apprend que lui et son compagnon sont Italiens. Ils se troublent tous deux en voyant un homme vivant près d'eux. Dante les interroge à son tour, leur demande leurs noms et la cause de leur punition.

CHANT XXX.

Le poëte, en continuant à parcourir la dixième vallée, se rappelle les infortunes de quelques grands personnages de l'antiquité, mais il ajoute que rien de tout cela n'est comparable à l'état affreux des deux ombres pâles et nues qui passent devant lui, écumant comme le sanglier, et courant sur tout ce qu'elles rencontrent, promenant ainsi leurs fureurs dans toute la vallée. Ce sont deux faussaires. — Le poëte examine ensuite la longue file des autres réprouvés; il en remarque un tellement gonflé par l'hydropisie qu'il n'y a plus aucune proportion entre son buste et sa tête; brûlé par la fièvre, il tient constamment sa bouche entr'ouverte. Il appelle Dante, et lui raconte qu'il vivait autrefois dans l'abondance, et qu'à présent une seule goutte d'eau lui semblerait un trésor!

Celui-là est aussi un faussaire, puni pour avoir fabriqué, pendant sa vie, de la fausse monnaie. Il nomme ensuite deux ombres qui gisent à côté de lui : ce sont l'accusatrice de Joseph et le traître Simon. Celui-ci, furieux de s'entendre ainsi désigner, se jette sur l'hydropique qui le frappe au visage. Alors s'ensuit une querelle où se confondent les insultes grossières et les reproches sanglants.

Dante reste à écouter ces deux forcenés, et reçoit pour cela les réprimandes de son guide, qui, pourtant, lui pardonne bientôt à cause de son humble repentir.

CHANT XXXI.

Virgile ramène donc la sérénité sur le front de son compagnon. Puis, ils quittent tous deux la dernière des vallées maudites, et entrent dans le neuvième cercle qui se divise en quatre girons. Ils se trouvent alors sur une hauteur, et entendent tout à coup un cor retentissant qui attire en même temps leurs yeux et leurs pensées.

Dante croit entrevoir les sommets de plusieurs grandes tours; mais Virgile le détrompe, le prend par la main, et, en s'approchant, il reconnaît que le puits infernal présente autour de lui d'énormes géants avec leurs traits difformes, leurs vastes poitrines, et leurs bras qui s'allongent sans mesure à leurs côtés. Le premier de tous porte une tête pareille à la boule qui termine le dôme de Saint-Pierre; le reste de son corps suit cette proportion. En apercevant les deux visiteurs, il ouvre sa bouche démesurée, d'où s'échappent des paroles que n'entendit jamais une oreille humaine.

Celui-là est Nembroth, roi de Babel, par qui nous vint la confusion des langues. Bientôt ils trouvent un autre géant plus féroce et plus énorme encore; il est garrotté du cou à la ceinture, ainsi que par les bras. C'est Ephialte qui signala sa force dans la guerre des géants contre les Dieux. Tout à coup, ce géant secoue sa chaîne, et tel qu'un tremblement de terre, il ébranle les rochers du puits.

Bientôt ils découvrent Antée dont la stature domine fièrement le contour du gouffre. Virgile le flatte pour l'engager à le porter lui et son compagnon sur les rives glacées du Cocyte, et lui promet aussi que Dante, en retournant parmi les hommes, réveillera sa renommée dans le monde.

Le géant les saisit tous deux, les dépose doucement au fond du gouffre de Lucifer, puis se redresse comme un mât de vaisseau.

CHANT XXXII.

Dante entre dans le premier giron dit de Caïn, gouffre central où gémit la race proscrite entre toutes les races, c'est-à-dire, les parricides et ceux qui ont été traîtres envers leurs parents.

Il s'avance, tenant les yeux constamment fixés sur la haute muraille du puits. Il entend qu'on lui dit de regarder où il pose le pied; et, se retournant, il voit un immense lac dans lequel sont plongées des ombres livides, enfoncées jusqu'au cou dans la glace. Tous ces coupables se tiennent la face baissée; mais la fumée de leur haleine et les pleurs de leurs yeux témoignent assez quel est pour eux l'excès du froid et de la douleur.

Plus loin, Dante remarque à ses pieds deux têtes opposées front à front, et dont les cheveux se sont entremêlés. Dante leur demande qui elles sont; elles se renversent pour lui répondre, mais les larmes dont leurs paupières sont gonflées s'échappent tout à coup avec abondance, coulent sur leurs joues, et, saisies par le froid, s'y durcissent en chaînes de glaçons. Désespérés de ce surcroît de souffrance, les deux réprouvés se heurtent comme deux béliers en furie.

Une autre ombre lui adresse la parole et lui dit les noms de celles qu'il vient de voir; plusieurs autres sont ainsi désignées.

Dante continue sa marche, et, par mégarde, il heurte le visage d'un coupable qui le lui reproche amèrement; il refuse de se nommer; alors, le poëte saisit d'une main les tresses de ses cheveux entortillés qu'il secoue avec force. Ce réprouvé est Bocca, désigné par un autre traître de ses compagnons.

Le poëte quitte alors cette ombre malheureuse, et en aperçoit d'autres plongées dans une même fosse.

Celle qui domine l'autre s'acharne sur sa compagne, et lui dévore le crâne et le visage. Dante, saisi d'horreur, demande à cette ombre forcenée quelles sont les causes de cette cruauté atroce.

CHANT XXXIII.

Aventure d'Ugolin. — Le fantôme suspend un instant son atroce repas, et, s'essuyant la bouche à la chevelure du crâne qu'il ronge, il répond qu'il est Ugolin, et qu'il tient entre ses mains la tête de son ennemi et de son bourreau, l'archevêque Roger. Puis, il raconte son emprisonnement dans la tour de la faim, avec ses quatre enfants; lorsqu'un matin, l'archevêque, soit par crainte de la délivrance du prisonnier, soit par pure cruauté, vint lui-même fermer la porte de la tour dont il jeta les clefs dans la rivière. Ugolin l'entend, et, sans parler, sans pleurer, il contemple ses enfants avec le sombre regard du désespoir; puis, il attend dans le silence le retour d'un autre soleil. A peine la première lueur de cet astre a-t-elle pénétré dans son cachot, qu'il regarde de nouveau ses fils bien-aimés; il voit leur état déplorable, et, comme un forcené, il se mord les mains. Ce spectacle remplit ses enfants de terreur. Le quatrième jour, son plus jeune fils expire à ses pieds, et les trois autres viennent, l'un après l'autre, tomber autour de leur père qui, deux jours après, n'est plus lui-même qu'un cadavre.

Ainsi parle cette ombre malheureuse qui se trouve à présent enfoncée dans ce gouffre pour avoir trahi sa patrie.

Dante et Virgile se trouvent ensuite dans un lieu où les coupables sont plus étroitement enchaînés dans les glaçons, et ont le visage renversé. C'est le quatrième giron, dit de Ptolémée, où sont punis ceux qui ont trahi leurs bienfaiteurs.

Tout à coup, une ombre appelle Dante, qui lui promet son assistance si elle veut bien lui dire son nom. C'est Albéric, homme perfide et traître. Cette ombre dit encore que les âmes des grands coupables descendent dans l'enfer avant même que leurs corps aient quitté le monde.

Puis, l'ombre sollicite de nouveau le secours de Dante; mais celui-ci, révolté au souvenir de ses crimes, ne veut pas l'écouter, et se retire.

CHANT XXXIV.

Dante continue sa marche, et, pour se dérober un peu à la rigueur de l'air qui frappe son visage, il se tient constamment derrière son guide, seul abri qu'il puisse trouver en ces lieux. C'est ainsi qu'il arrive au dernier giron des enfers où les ombres sont ensevelies dans la profonde glace, et se présentent sous toutes sortes d'attitudes : renversées, debout, étendues ou courbées comme un arc, et touchant de leurs fronts à leurs pieds.

Bientôt Virgile s'arrête pour montrer à Dante cette créature qui fut jadis si belle, mais qui, à présent, sous le nom de Satan, se trouve enchaînée pour toujours au centre du glacier.

Dante chancelant d'émotion, et transi de froid, contemple celui qui osa mesurer de l'œil son créateur. Son aspect est terrible. Sa tête énorme se compose de trois visages : le premier d'un rouge de feu, le deuxième livide, et le troisième noir. A chaque face répondent deux ailes immenses qu'il agite deux à deux, et les trois vents qui s'en échappent vont glacer les étangs du Cocyte. De ses yeux tombent des larmes qui se mêlent à l'écume sanglante de ses lèvres; de chaque bouche sort un coupable que le monstre broie sous ses dents. Il tourmente plus effroyablement encore de ses ongles l'infortuné qui sort de la bouche du milieu, et qui n'est autre que le traître Judas. Le deuxième coupable est Brutus qui souffre en silence, et le troisième est l'énorme Cassius.

Virgile annonce que leur voyage est fini, et ordonne à son compagnon d'enlacer ses bras autour de son cou, et puis, le sage, saisissant la toison du monstre, descend à travers la glace. Il est à peine arrivé à la ceinture de Satan, qu'il retourne péniblement sa tête où étaient ses pieds, et commence à monter comme s'il voulait rentrer dans l'abîme; puis, s'élevant vers les rochers entr'ouverts, il dépose le poëte sur leurs bords hérissés. Dante ne voit plus alors que les jambes renversées du roi des enfers; il ne peut contenir son étonnement, mais Virgile l'engage à marcher toujours, et lui apprend qu'ils sont parvenus à présent dans l'hémisphère dont le centre fut arrosé du sang de l'homme-Dieu, et qu'il est opposé au cercle de Judas. Le sage dit encore que, lorsque l'Archange révolté tomba du haut des cieux, la terre, épouvantée, se retira devant lui, et, se couvrant du voile de ses eaux, s'enfuit vers nos climats; mais elle fut forcée d'ouvrir un abîme pour ensevelir ce grand coupable.

Les deux voyageurs sont arrivés à une grande distance de Lucifer; ils gravissent sans relâche l'âpre sentier qu'ils ont devant eux, et parviennent enfin au dernier soupirail d'où ils sortent pour jouir de nouveau du spectacle des cieux.

L'INFERNO

CANTO PRIMO

Nel mezzo del cammin di nostra vita[1]
Mi ritrovai per una selva oscura[2],
Chè la diritta via era smarrita.

Ahi quanto a dir qual era è cosa dura
Questa selva selvaggia[3] ed aspra[4] e forte,
Che nel pensier rinnova la paura!

Tanto è amara, che poco è più morte:
Ma per trattar del ben[5] ch'i' vi trovai,
Dirò dell'altre cose[6], ch'io v' ho scorte.

1. *In mezzo... vita*, l'an 1300, époque à laquelle Dante avait trente-cinq ans.

2. *Selva oscura*. Le poëte fait allusion au désordre moral et politique dans lequel se trouvait alors l'Italie.

3. *Selva selvaggia*, forêt sauvage, inculte. Ovide a dit : *nemorosis silvis*.

4. *Aspra*, horrible. Lat. *aspera dumis*.

5. *Del ben... trovai*. Le bien c'est la rencontre de Virgile.

6. *Dell'altre cose*, c'est-à-dire des choses horribles, telles que les trois bêtes fauves que le poëte va rencontrer.

I' non so ben ridir com'io v'entrai;
Tant'era pien di sonno[1] in su quel punto,
Che la verace via[2] abbandonai.

Ma poi ch'io fui appiè[3] d'un colle giunto,
Là ove terminava quella valle,
Che m'avea di paura il cor compunto[4],

Guardai in alto, e vidi le sue spalle
Vestite già de' raggi del pianeta[5],
Che mena dritto altrui per ogni calle.

Allor fu la paura un poco queta,
Che nel lago del cor m'era durata
La notte, ch'i' passai con tanta pièta[6].

E come quei, che con lena affannata[7]
Uscito fuor del pelago alla riva,
Si volge all'acqua perigliosa, e guata[8],

Così l'animo mio, che ancor fuggiva,
Si volse indietro a rimirar lo passo[9],
Che non lasciò giammai persona viva.

1. *Sonno,* le trouble de l'esprit produit par les passions et l'ignorance.

2. *Verace via,* c'est-à-dire le chemin de la vertu.

3. *Appiè,* pour *ai piedi.*

4. *Compunto,* serré, attristé.

5. *Pianeta.* Le soleil. Le poëte fait allusion à la science qui est le seul chemin qui mène à la vérité.

6. *Pièta,* avec l'accent grave sur l'*e,* équivaut à *affanno,* chagrin, tourment. Lat. *pietas.*

7. *Lena affannata* respiration difficile.

8. *Guata,* qui regarde avec stupeur.

9. *Passo.* Le poëte fait allusion à la forêt.

Poi ch'ebbi riposato il corpo lasso,
Ripresi via per la piaggia diserta,
Sì che 'l piè fermo sempre era il più basso.

Ed ecco, quasi al cominciar dell'erta,
Una lonza[1] leggiera e presta molto,
Che di pel maculato era coperta.

E non mi si partia dinanzi al volto;
Anzi impediva tanto il mio cammino,
Ch'i' fui per ritornar più volte vôlto[2].

Temp'era dal principio del mattino;
E il sol montava in su con quelle stelle
Ch'eran con lui quando l'Amor divino[3]

Mosse da prima quelle cose belle;
Sì che a bene sperar m'era cagione[4]
Di quella fera alla gaietta pelle,

L'ora del tempo e la dolce stagione;
Ma non sì, che paura non mi desse
La vista, che mi apparve, d'un leone[5].

1. *Lonza*, panthère, c'est-à-dire la luxure, ou, d'après Marchetti, la république de Florence.

2. *Ch' i' fui... volto*. La construction naturelle de cette phrase est: *Chè più volte io mi voltai per tornare indietro*.

3. *L'Amor divino*. Le Saint-Esprit.

4. *Sì che... cagione*. Construisez: *Sì che l'ora del tempo e la dolce stagione mi eran cagione a sperar bene di quella fiera*, etc.

5. *Un leone*, un lion. Les commentateurs ont cru voir dans cette allégorie la France, ennemie des Gibelins. D'autres y voient représentée l'ambition.

Questi parea che contra me venesse
Con la test'alta, e con rabbiosa fame,
Sì che parea che l'aer ne temesse :

Ed una lupa[1], che di tutte brame
Sembrava carca nella sua magrezza,
E molte genti fe' già viver grame[2].

Questa mi porse tanto di gravezza[3]
Con la paura, ch'uscia di sua vista,
Ch' i' perdei la speranza dell'altezza[4].

E quale è quei, che volentieri acquista,
E giunge 'l tempo, che perder lo face,
Che 'n tutt' i suoi pensier piange e s'attrista,

Tal mi fece la bestia senza pace,
Che, venendomi incontro, a poco a poco
Mi ripingeva là, dove 'l sol tace.

Mentre ch'io ruinava in basso loco[5],
Dinanzi agli occhi mi si fu offerto
Chi per lungo silenzio parea fioco[6].

1. *Lupa,* louve, c'est-à-dire l'avarice, ou, d'après Marchetti, la Cour de Rome.

2. *E molte... grame,* pour *e a molti fe' passare una vita misera e dolorosa.*

3. *Gravezza,* trouble.

4. *Ch' i' perdei... altezza* équivaut à *ch'io disperai affatto di salire il monte.*

5. *Ruinava in basso loco,* je roulais dans la profondeur.

6. *Chi per lungo silenzio parea fioco*, c'est-à-dire qui paraissait ne pas avoir parlé depuis longtemps

Quando vidi costui nel gran diserto,
Miserere di me, gridai a lui,
Qual che tu sii, od ombra, od uomo certo[1].

Risposemi: Non uom; uomo già fui,
E li parenti miei furon Lombardi,
E Mantovani per patria amendui.

Nacqui *sub Julio*, ancorchè fosse tardi[2],
E vissi a Roma sotto il buon Augusto,
Al tempo degli Dei falsi e bugiardi.

Poeta fui, e cantai di quel giusto
Figliuol d'Anchise, che venne da Troia,
Poichè il superbo Ilion fu combusto[3].

Ma tu, perchè ritorni a tanta noia?
Perchè non sali il dilettoso monte,
Ch'è principio e cagion di tutta gioia?

Or se' tu quel Virgilio, e quella fonte,
Che spande di parlar sì largo fiume?
Risposi lui con vergognosa fronte.

O degli altri poeti onore e lume,
Vagliami[4] il lungo studio e il grande amore
Che m'han fatto cercar lo tuo volume.

Tu se' lo mio maestro, e il mio autore:
Tu se' solo colui, da cu' io tolsi
Lo bello stile, che m'ha fatto onore.

1. *Certo*, réel, vivant.
2. *Ancorchè fosse tardi* équivaut à *nacqui tardi*.
3. *Combusto*, brûlé.
4. *Vagliami* équivaut ici à *mi valga ad ottenere*.

Vedi la bestia[1], per cui io mi volsi:
Aiutami da lei, famoso saggio,
Ch'ella mi fa tremar le vene e i polsi[2].

A te convien tenere altro vïaggio,
Rispose, poi che lagrimar mi vide,
Se vuoi campar d' esto loco selvaggio;

Chè questa bestia, per la qual tu gride,
Non lascia altrui passar per la sua via,
Ma tanto lo' mpedisce, che l' uccide:

Ed ha natura sì malvagia e ria,
Che mai non empie la bramosa voglia,
E dopo il pasto ha più fame che pria.

Molti son gli animali a cui s' ammoglia,
E più saranno ancora, infin che il Veltro[3]
Verrà, che la farà morir di doglia.

Questi[4] non ciberà nè terra, nè peltro[5],
Ma sapïenza e amore e virtute,
E sua nazion sarà tra Feltro e Feltro[6].

1. *La bestia*, c'est-à-dire la louve.

2. *Le vene e i polsi*, toute la masse du sang.

3. *Veltro*, lévrier. Des commentateurs y voient désigné Can de l'Escale, prince de Vérone; d'autres, Uguccione della Faggiuola, célèbre général gibelin.

4. *Questi*, c'est-à-dire *le Veltro* ou le sauveur de l'Italie, ne possédera ni terres, ni richesses.

5. *Peltro*, étain, est employé ici pour l'argent en général, ou toute autre sorte de métal.

6. *Tra Feltro e Feltro.* Dante fait allusion au lieu de naissance du sauveur de l'Italie personnifié dans le *Veltro* Ce serait précisément le *château de la Faggiuola*, pa-

Di quell' umile Italia fia salute,
Per cui morì la vergine Camilla[1],
Eurialo[2], e Turno, e Niso di ferute[3]:

Questi[4] la caccerà per ogni villa,
Finchè l' avrà rimessa nell' Inferno,
Là onde invidia prima[5] dipartilla.

Ond' io per lo tuo me'[6] penso e discerno[7],
Che tu mi segui, ed io sarò tua guida,
E trarrotti di quì per loco eterno,

Ov' udirai le disperate strida,
Vedrai gli antichi spiriti dolenti,
Che la seconda morte[8] ciascun grida.

E poi vedrai color, che son contenti
Nel fuoco[9], perchè speran di venire,
Quando che sia, alle beate genti;

trie d'Uguccione, qui est placé entre *Macerata Feltria*, dans la province d'Urbin, et la ville de *Feltria Sanleo*.

1. *Camilla*, Camille, femme guerrière, fille de Métabus, roi des Volsques. Venue au secours de Turnus contre Énée, elle fut tuée en trahison par Aruns qui la perça d'un coup de javelot. Virgile, *Énéide*, IX et XI.

2. *Euryale et Nisus*, guerriers troyens, célébrés dans l'*Énéide*, V° et VI° liv., pour leur étroite amitié.

3. *Ferute*, pour *ferite*, blessures.

4. *Questi*. Le lévrier (*Veltro*) qui chassera la louve.

5. *Prima*, adv., la première fois.

6. *Me'*, pour *meglio*.

7. *Discerno* équivaut ici à *io giudico*.

8. *La seconda morte*, la mort de l'âme.

9. *Nel fuoco*. Du Purgatoire.

Alle qua' poi se tu vorrai salire,
    Anima[1] fia a ciò di me più degna:
    Con lei ti lascerò nel mio partire.

Chè quello Imperador, che lassù regna,
    Perch' i' fui ribellante alla sua legge,
    Non vuol che in sua città per me si vegna[2].

In tutte parti impera, e quivi regge,
    Quivi è la sua cittade e l'alto seggio:
    O felice colui, cui ivi elegge!

Ed io a lui: Poeta, i' ti richieggio
    Per quello Iddio che tu non conoscesti,
    Acciocch'io fugga questo male e peggio[3],

Che tu mi meni là dov'or dicesti,
    Sì ch'io vegga la porta di san Pietro[4],
    E color[5] che tu fai cotanto mesti.
Allor si mosse, ed io gli tenni dietro.

1. *Anima*, c.-à-d. Béatrix.

2. *Per me si vegna*, pour *ch'io venga*.

3. *Questo male*, c'est-à-dire la forêt; *e peggio*, c'est-à-dire la damnation éternelle.

4. *La porta di S. Pietro*, c'est-à-dire le Paradis.

5. *E color*, c'est-à-dire les damnés.

FIN.

11719. — PARIS. — TYPOGRAPHIE LAHURE
Rue de Fleurus, 9

www.ingramcontent.com/pod-product-compliance
Lightning Source LLC
LaVergne TN
LVHW050543100826
845148LV00002B/665